AF313207

DÉCLARATION DU ROI,

FAISANT BAIL

DES FERMES GÉNÉRALES

Des Domaines, Gabelles, Salines, Tabacs, & autres
Droits de Lorraine & Barrois.

A JEAN-LOUIS BONNARD,

Pour six années, qui commenceront le 1^r. Octobre 1756.

Donnée à Lunéville le 6 Novembre 1755.

Enrégistrée à la Chambre des Comptes de Bar, le 5 Janvier 1756 ; au Bailliage de ladite Ville le 7 ; au Bailliage de la Marche le 20 ; & à la Chambre des Comptes de Lorraine, le 28 du même Mois.

A NANCY,

Chez la Veuve D'ANTOINE LESEURE, Imprimeur ordinaire du Roi, près S. Sebastien.
La Veuve DROUIN, Marchande-Libraire, près les Augustins.

TABLE

DES

ARTICLES DU BAIL
DE BONNARD.

DOMAINES.

TABLE DES ARTICLES.

Fin de la Table des Articles.

BAIL

DES
FERMES GÉNÉRALES

*Des Domaines, Gabelles & Tabacs de Lorraine
& Barrois.*

FAIT A JEAN-LOUIS BONNARD,

Le 6 Novembre 1755.

TANISLAS, PAR LA GRACE
DE DIEU, ROI DE POLOGNE,
Grand-Duc de Lithuanie, Ruf-
fie, Pruffe, Mazovie, Samogitie,
Kiovie, Volhinie, Podolie, Pod-
lachie, Livonie, Smolensko, Sé-
vérie, Czernichovie, Duc de Lor-
raine & de Bar, Marquis de Pont-à-Mouffon & de
Nommeny, Comte de Vaudémont, de Blamont,

A

de Sarwerden & de Salm : A tous ceux qui ces
préfentes Lettres verront ; SALUT ; Nous étant fait
repréfenter le Bail de nos Fermes Générales de Lorraine & de Bar, fait à Louis Diétrich, Bourgeois de
notre Ville de Lunéville, par réfultat de notre Confeil, en forme de Déclaration du dix-huit May mil
fept cent cinquante, pour fix années, qui doivent
finir au premier Octobre mil fept cent cinquante-
fix ; & ayant été jugé néceffaire de pourvoir à l'exploitation defdites Fermes, à l'expiration du Bail,
Nous aurions fur ce fait favoir nos intentions, &
reçu les différentes propofitions qui Nous ont été
faites, lefquelles ayant été examinées en notredit
Confeil, Nous n'en aurions point trouvé de plus
avantageufes, que celles de Jean Louis Bonnard,
Bourgeois de Paris, de prendre lefdites Fermes
pour fix années, à commencer dudit jour premier
Octobre 1756, moyennant la fomme de *trois
millions, trois cens trente-quatre mille cinq cens
livres*, en efpéces au cours actuel de Lorraine,
par chacune defdites fix années ; lefquelles offres
Nous avons jugé à propos d'accepter pour le bien
de notre fervice : A CES CAUSES, de l'avis de
notre Confeil, Nous avons, par ces préfentes, fait
& faifons Bail audit Jean-Louis Bonnard, des Fermes Générales de nos Domaines, tant anciens que
réunis, Ufuines, Forges, Cens, Rentes, Rivieres,
Ruiffeaux, Etangs, Amandes, & de tous Droits
Domaniaux, Droits de Châtrerie, d'Amortiffe-
mens, nouveaux Acquêts & Ufages, des Contrôles

des Exploits & des Actes des Notaires, Droits de Préfentations, Affirmations de Voyages, Déclarations & Diminutions de Dépens, Sceau & Tabellionage, Papiers & Parchemins timbrés, Droits d'Entrées & Iffuës-Foraines, Acquits à Caution, Impôts fur les Toilles & Hauts-Conduits, Marques de Fers, Poftes & Meffageries, Gabelles, Salines & Tabacs, dans toute l'étenduë de nos Duchés de Lorraine & & de Bar, mouvant & non mouvant, Terres & Seigneuries y enclavées & annéxées, pour fix années confécutives, qui commenceront au premier Octobre mil fept cent cinquante-fix; pour par lui jouir defdites Fermes & Droits pendant ledit tems, aux charges, claufes, conditions, réferves & reftrictions cy-après.

4

DOMAINES.

ARTICLE PREMIER.

Domaines anciens & réunis, affermés, en régis.

DE nos Domaines & Droits Domaniaux des Duchés de Lorraine & de Bar, Terres & Seigneuries y enclavées, annéxées & adjacentes, dont Pierre Gillet, Philippe le Mire, Jean Dumefnil & Louis Diétrich ont jouit ou dû jouir, enfemble de ceux réunis par Edit du mois de Juillet mil fept cens vingt-neuf, Déclarations, Réglemens & Arrêts rendus jufques à ce jour, & généralement de tous autres Domaines à Nous appartenants, non aliénés, foit qu'ils aient été précédemment affermés ou régis, fans en rien excepter;

Réferve du Haras de Saralbe, &c.

à la réferve des Bâtimens du Haras de Saralbe, & Domaines en dépendants, enfemble d'un Pré fitué au-deffous des Terraffes du Château de Lunéville, entre la Riviere & le Canal, contenant quatorze Fauchées ou environ; & de quelqu'autres Prés & Portions de Domaines à Lunéville, Einville, la Malgrange & Commercy, dont Nous jouiffons actuellement par nos mains.

I I.

Ufuines de toutes natures.

DE toutes les Ufuines à Nous appartenantes, de quelque nature qu'elles puiffent être, & Droits Domaniaux en dépendants, tant anciens que réunis ; enfemble du produit des fils & cours d'Eaux des Moulins, Forges & autres Ufuines, où il y en a d'affermées ou afcenfées à notre profit : jouïra auffi le Preneur de la Verrerie de Porcieux, & Bois affectés à fon affoüage, & des Chaumes fervans de pâturage, qui ont été réfervés par les précédens Baux, fans que, fous prétexte de ladite jouiffance, il puiffe prétendre celle d'aucuns Bois, ni d'aucuns Terrains à portée de nos Forêts, dont l'exploitation pourroit porter préjudice à celle de nos Bois, en ce non compris les Sciries, fils & cours d'eaux d'icelles, & la Poudrerie de Ligny, qui font & demeureront expreffément réfervés.

Verrerie de Por-
cieux.
Chaumes.

Réferve des Sciries,
& de la Poudrerie de Ligny.

I I I.

JOUIRA pareillement l'Adjudicataire du produit de tous les Cens, Rentes & Afcenfemens, tant anciens, nouveaux, que réunis, qui ont été ou feront faits pendant le cours du préfent Bail, pour raifon des Juftices, Domaines, Droits Domaniaux, Ufuines, Terres, Prés, Etangs, Moulins, Châteaux, & de tous autres Héritages généralemént quelconques, qui font ou feront laiffés à Cens; ainfi que des Cens pour les Bois & Forêts précédemment réfervés, & dont il lui fera fourni un état détaillé & certifié du Greffier de notre Confeil, pour en faire la perception.

Cens ;
Rentes &
Afcenfe-
mens.

Cens fur
les Bois.

I V.

DES Confifcations , Aubaines , Déshérences ,
Batardifes, Succeffions vacantes , ou abandonnées,
& de tous autres Droits Seigneuriaux & Cafuels ,
qui Nous appartiennent , ou Nous feront adjugées , à caufe de nos Domaines & Juftices en dépendants , même dans les Juftices aliénées , où
ces Droits Nous feroient réfervés par les Titres
de Conceffions defdits Domaines aliénés ; lefquels Titres , tous aliénataires feront tenus de repréfenter toutes fois & quantes; dans lefquels cas
le Preneur aura la confifcation entiere des Meubles,
Effets mobiliaires en propriété & la jouiffance feulement des Immeubles, dont la propriété Nous de
meurera á cet égard refervée : & jouira ledit Preneur
defdits Droits,à la déduction des Portions attribuées à
nos Procureurs Généraux des Chambres des Comptes ; ainfi qu'aux Receveurs & aux Controlleurs Généraux de nos Domaines & Bois, par l'Articl dix
de notre Edit du Mois de Septembre mil fept cens
quarante-neuf. Et feront lefdits Receveurs Généraux la Recette de la totalité des mêmes Droits ,
pour en remettre au Preneur le produit jufqu'à
la concurrence des quatorze fols pour lire qui lui
en appartiennent , après néanmoins que les frais
de pourfuites & recouvrement auront été préle-
vés. Demeurera le Preneur chargé de l'entretien ,

nourriture des Batards & Enfans trouvés, & expo-
fés jufques à l'âge de dix ans inclufivement, fauf fon

recours contre ceux qui expoſeront leſdits Enfans,
& leurs complices ſuivans les diſpoſitions des Ordonnances, exceptés les Enfans trouvés & ex-
poſés à Nancy, qui reſteront comme du paſſé à
la charge de ladite Ville. Exceptons en outre des
Confiſcations, celles des Meubles & Immeubles,
qui proviendront de délits en matiere d'Eaux &
Forêts.

V.

DE tous les Domaines & Droits Domaniaux,
qui ſe trouveront avoir été uſurpés, recellés, ou
négligés dans toute l'étenduë de nos Etats, qui
ſeront réunis à la diligence & aux frais de l'Adjudicataire, ou de ſes Soûfermiers, ſuivant l'Arrêt
du Conſeil du trois Juillet mil ſept cens trois, &
autres Arrêts & Réglemens rendus ſur cette matiere; deſquels Domaines & Droits Domaniaux il
jouira en entier pendant le cours de ſon Bail, & en
outre de la moitié ſeulement deſdits Domaines &
Droits, pendant les trois années qui ſuivront l'expiration du préſent Bail : à l'effet de quoi, il lui ſera
délivré par les Greffiers de nos Chambres des
Comptes, & tous autres Dépoſitaires de nos Ar-
chives, tous les Extraits qui lui ſeront néceſſaires,
ſans autres frais que ceux des expéditions.

V I.

DE toutes Epaves & Amandes ordinaires ou
extraordinaires à Nous appartenantes, tant pour

fait de nos Jurifdictions qu'autrement ; à l'exception
néanmoins des Amandes, qui feront adjugées pour
le fait des Chaffes, & des Eaux & Forêts, qui de-
meurent réfervées ; & ne pourront les Greffiers de
notre Cour Souveraine, délivrer aucune expédition des Arrêts confirmatifs des Sentences dont fera
Appel, que l'Amande n'ait été payée fuivant l'ufage, à peine d'en répondre en leur propre & privé
nom.

V I I.

Domaines qui feront réunis.

DE tous les Domaines & Droits Domaniaux
engagés ou donnés à vie, & qui Nous reviendront
par le décès des Engagiftes & Donataires, & généralement de tous ceux qui feront réunis dans
l'étendue des Duchés de Lorraine & de Bar, &
dépendance ; encore qu'ils ne foient exprimés &
détaillés au préfent Bail.

V I I I.

Réferve des Revenus des Bois & Fo- rêts.

NE pourra l'Adjudicataire prétendre aucune
chofe dans les Revenus de nos Bois & Forêts, foit
en Ventes & Revenus ordinaires & extraordinaires, Vaines-Patures, Glandées, Ufages, Affoua-
ges, Maronages, Amandes, Confifcations, Dommages & Intérêts pour délits commis dans lefdits
Bois, fans exceptions ; & le tiers déniers qui nous
appartient, dans le prix de la Vente des Bois, &
ufages des Communautés, nous demeurera pareillement réfervé, fans préjudice néanmoins des Bois
d'Affouage,

d'Affouage, ou Bois affectés pour l'usage & confommation des Forges , & autres Ufuines dépendants de notre Domaine , dont le Preneur jouira, comme les précédens Fermiers en ont joui ou dû jouir , & des Cens fur les Bois & Forêts compris dans le préfent Bail. Pourront aussi les Voituriers, Conducteurs des Bois de Salines , faire pâturer leurs chevaux & bœufs , fervants aux Voitures des Bois dans les Forêts de nos Domaines , même dans celle des Propriétaires , dont il exploitera les Bois, lorfque lefdites Forêts feront défenfables, & non autrement , fous les peines portées par nos Edits & Réglemens.

Exception
de cette
Réferve.

Pâturage
permis aux
Voituriers
des Bois
des Salines.

I X.

Jouira néanmoins l'Adjudicataire des Rivieres, Ruiffeaux & Etangs du Domaine , quand bien même ils feroient enclavés dans lefdits Bois & Forêts, pour en faire les Pêches , fuivant les Ordonnances , ou pour en percevoir les Cens ; comme aussi des Cens & Redevances, foit en grains ou en argent, Dixmes ou Terrages , & autres Droits & Redevances établis fur les Terrains cy-devant en nature de Bois , qui ont été jufques à ce jour convertis en Prés ou Terres labourables, ou qui le feront pendant le cours du préfent Bail , en vertu de Conceffions ou Permiffions dûëment obtenues & entérinées.

Rivieres ,
Ruiffeaux
& Etangs
enclavés
dans les
Forêts.

Terrains
ci-devant
en nature
de Bois.

B

X.

AU cas que, pendant le cours du préfent Bail, Nous trouvaffions à propos de retirer nos Domaines vendus à faculté de réachat, le Preneur en jouira pendant ledit tems de fon Bail, comme en faifant partie; à charge par lui d'avancer les Sommes, qu'il conviendra de rembourfer aux Engagiftes, fuivant la liquidation qui en fera faite en notre Confeil, auquel cas le Preneur fera rembourfé à la fin de fon Bail, par le Fermier qui lui fuccédera, ou par Nous, & jufques audit rembourfement jouira le Preneur des Domaines ainfi retirés; & à l'égard des Ufuines & autres Parties de Domaines, que Nous jugerons à propos d'af-cenfer poftérieurement à la paffation du préfent Bail, il fera tenu compte au Preneur de la différence du prix du Bail à celui de l'Afcenfement.

X I.

L'ADJUDICATAIRE fera obligé d'acquitter les Charges anciennes & accoûtumées, dont le Domaine pourroit être tenu; comme les frais des deffertes, ou entretiens des Eglifes, Portions-congrues, Livres, Ornemens & autres; le tout ainfi qu'il en a été ufé dans les précédens Baux; à l'exception des frais des Procédures criminelles ou extraordinaires, qui refteront à notre charge.

XII.

IL fera pareillement tenu des entretiens & menuës réparations des Uſuines, Bâtimens & Lieux
dépendants deſdits Domaines ; les groſſes réparations & vilains-fondoirs ſeulement, demeurants à
notre charge ; & à cet effet, il recevra du Fermier
ſortant, leſdites Uſuines, Bâtimens & Lieux par-
devant les Juges qui en doivent connoître, dont
ſeront dreſſés des Procès-Verbaux de réception à
l'ordinaire, pour rendre le tout au même état qu'il
les aura reçu; Nous demeurant loiſible de faire faire
pendant le cours du préſent Bail, telles viſites &
reconnoiſſances qui ſeront néceſſaires, pour en
prévenir le dépériſſement ; & pour plus grande
précaution, ledit Preneur ſera obligé d'avertir le
Procureur-Général, ou ſes Subſtituts ſur les Lieux,
dans la huitaine, des accidens que pourront cauſer
leſdites groſſes réparations & vilains-fondoirs,
pour y faire travailler inceſſamment.

Entretiens & réparations des Uſuines, Bâtimens, &c.

XIII.

SERA tenu ledit Adjudicataire de remettre à qui
il ſera par Nous ordonné, les Papiers, Terriers
de nos Domaines qui lui ſeront délivrés, & dont
il aura fourni ſa reconnoiſſance ; comme auſſi de
remettre au Receveur Général des Domaines en
exercice, conformément à l'Article XIV. de l'Edit
de Création deſdits Receveurs Généraux des Do-

Papiers Terriers des Domaines.

maines, du mois de Septembre mil sept cens quarante-neuf, un Etat contenant en détail tous les
Droits, Cens, Redevances, & autres Revenus
dépendants de nosdits Domaines, dont il aura joüi
pendant le tems de son Bail dans l'étenduë de chaque Bailliage & Châtellenie ; &, au cas que ledit
Adjudicataire, ou ses Soûfermiers, n'eussent pas
fait le recouvrement des Droits de Redevances ou
autres Revenus spécifiés audit Terrier, ils seront
tenus de justifier des diligences à ce nécessaires.

Droit de Châtrerie.

X I V.

Châtrerie. JOUIRA l'Adjudicataire des Droits de Châtrerie, dans toute l'étenduë de nos Duchés de Lorraine & de Bar, & Seigneuries de notre obéïs-
sance, dont il fera la régie, conformément aux
Réglemens.

Droit d'Amortissement, nouveaux
Acquêts & Usages.

X V.

**Droits
d'Amor-
tissement,
nouveaux
Acquêts &
Usages.** DEs Droits d'Amortissemens, nouveaux Acquêts & Usages, qui peuvent Nous être dûs, tant
échus qu'à écheoir, & ce conformément aux Or-

donnances & Réglemens rendus, à l'excéption des
deux sols pour livre d'iceux qui seront payés par
les Redevables aux Receveurs & Contrôleurs Généraux de nos Domaines & Bois, auxquels Nous
les avons attribués par les Articles XII. & XXXII.
de l'Edit de Création desdits Receveurs & Contrôleurs Généraux du mois de *Septembre* mil sept
cens quarante-neuf, sans que ledit Preneur puisse
prétendre aucune indemnité, tant pour raison desdits deux sols pour livre, que pour les Exemptions
des Droits d'Amortissemens, qui seront accordés
aux Hôpitaux & Maisons de Charité.

Contrôle des Exploits.

X V I.

DES Droits du Contrôle des Exploits, faits par
Huissiers, Sergens, Archers, & tous autres ayant
caractere & pouvoir d'exploiter; comme aussi tous
autres Actes sujets audit Contrôle, pour en jouir
par ledit Adjudicataire, conformément à l'Edit du
vingt-deux *Juin* mil sept cens cinq, & Arrêts de
Réglemens postérieurs, notamment ceux des dix-
huit *May* mil sept cens trente-quatre, & dix-huit
Juillet mil sept cens trente-cinq.

❖❖❖❖❖❖❖❖❖❖❖❖❖❖❖

Contrôle des Actes des Notaires, & autres Droits.

XVII.

Actes des
Notaires,
& sous
Seings pri-
vés.
Présenta-
tions.
Déclara-
tions &
Diminu-
tions de
Dépens.

DES Droits de Contrôle des Actes de Notaires & Tabellions, & Actes sous Signatures privées, des Greffes de Présentations, de la moitié de la façon des Déclarations & Diminutions de Dépens suivant les Edits du vingt-deux Décembre mil sept cens dix-huit, & Déclaration du vingt-sept Juillet mil sept cens dix-neuf, Edit du quatre Avril mil sept cens vingt-un, & Tarif fait en conséquence ; Déclaration du dix-sept May mil sept cens vingt-quatre, & Arrêt du vingt-trois Juillet mil sept cens trente-deux.

XVIII.

Affirma-
tion de
Voyages.

DES Droits établis sur les Actes d'Affirmation de Voyages, suivant l'Edit du quatre Avril mil sept cens vingt-un, & Arrêt du trois Mars mil sept cens trente-deux.

XIX.

Sceau &
Tabellio-
nage.

JOUIRA pareillement l'Adjudicataire des Droits de Sceau & Tabellionage, non aliénés jusqu'à ce jour, dans toute l'étenduë des Lieux de notre obéïsfance, où il eft établi, conformément aux Ordonnances, Arrêts & Réglemens, & difpofitions des Coûtumes.

X X.

NE fera cependant payé aucun Droit de *Sceau* ni de Contrôle, pour raifon des Contracts qui fe pafferont pour Nous, & lorfque lefdits Droits feront à notre charge, fans que, pour raifon de ce, l'Adjudicataire puiffe prétendre aucune indemnité.

Contracts pour le Roy.

X X I.

DES Droits fur les Papiers & Parchemins timbrés, dans toute l'étenduë de nofdits Duchés, Terres & Seigneuries, fuivant qu'ils ont été établis par les Edits des mois de May mil fept cens quatre, & quatorze Août mil fept cens ving-un ; Déclaration des quatre Avril mil fept cens vingt-un, & dix Mars mil fept cens vingt-trois ; & fera tenu l'Adjudicataire de rembourfer au Fermier fortant le prix des Papiers & Parchemins timbrés, & non timbrés, & Régîtres en blanc, qui fe trouveront dans fes Bureaux, fur le pied du prix-marchand ; ce qui s'obfervera de même, à l'expiration du préfent Bail, par le Fermier qui fuccédera.

Papiers & Parchemins timbrés.

X X I I.

DES Droits d'Entrées, Iffuës-foraines, fuivant les Ordonnances de quinze cens foixante-trois, feize cens quatre, & Tarif du quatorze Décembre

Droits de Foraine, &c.

de la même année ; Droits de Traverfe , fuivant l'Ordonnance du premier Septembre feize
cens quinze ; Droits d'Impôts fur les Toilles, fuivant l'Ordonnance & le Tarif du deux Décembre
feize cens vingt-neuf; Droits de Haut-Conduit ,
fuivant la Déclaration & le Tarif du mois d'Août
mil fept cens quatre ; Droits d'Acquits-à Caution ,
fuivant l'Edit du vingt-trois Avril feize cens foi-
xante cinq , Arrêts de Réglement des vingt-trois
Janvier & vingt Mars mil fept cens vingt-fix , &
Arrêt de la Chambre des Comptes du vingt-quatre
Janvier mil fept cens huit , concernant les Marchandifes qui feront conduites dans les Lieux limitrofs de nos Etats ; le tout néanmoins conformément aux Concordats faits avec les Etats voifins :
Ne fera cependant payé aucun defdits Droits pour
les Bois, Fagots, Charbons & Vins deftinés à l'u-
fage de notre Hôtel , non plus que pour les Marchandifes dont les Ballots feront à notre adreffe ;
mais lefdites Marchandifes feront déclarées & vifi-
tées dans les Bureaux de leur paffage; & les Voituriers Conducteurs tenus de repréfenter leurs Lettres de Voitures, & de prendre des Paffavants qui
leur feront délivrés fans frais , & de les rapporter
dans le délay fixé , bien & dûment déchargés.

Marchan-
difes pour
les Lieux
limitrofs.

Exemp-
tion pour
le Roy.

X X I I I.

Acquits-à
Caution.
feront rap-
portés cer-
tifiés.

VOULONS que tous ceux qui prendront des
Acquits-à-Caution, relativement auxdits Arrêts des
vingt-trois Janvier , & vingt Mars mil fept cens
vingt-fix

vingt-six, & qui négligeront ou manqueront de les rapporter bien & valablement certifiés du déchargement, à la deſtination, dans un délai compétant par les Officiers de Juſtice des Lieux, ſoient condamnés à deux cens livres d'Amande, & à la confiſcation, conformément à la diſpoſition de l'Edit du vingt-trois Avril ſeize cens ſoixante-cinq, qui ordonne les mêmes peines contre les Communautés privilégiées, pour défaut de raports d'Acquit-à-Caution de leurs part.

X X I V.

Tous les ſuſdits Droits de Haut-Conduit, de Sortie, ceux d'iſſuë-Foraine, d'impôt ſur les Toilles chargées dans le Pays, & les Droits d'Acquits-à-Caution, ſeront payés au premier & plus prochain Bureau du chargement des Marchandiſes; & à l'égard des Droits de Haut-Conduit d'Entrée, d'Entrée-Foraine, d'Impôt ſur les Toilles venant de l'Etranger, & y retournant, & ceux de Traverſe, ils ſeront payés au premier & plus prochain Bureau de la route; ſauf cependant pour le Droit de Traverſe, que les Voituriers, lorſqu'ils tiendront la route de Nancy, ſeront tenus de venir acquitter au Bureau de ladite Ville. Pour ſûreté duquel Droit de Traverſe, ils ſeront obligés de prendre au premier & plus prochain Bureau de leur route, un Acquit-à-Caution; & les Marchands & Voituriers ſeront tenus, en arrivant aux lieux où les Bureaux ſont établis, de conduire leurs Marchandiſes directe-

Droits dûs pour la ſortie des Etats, ſeront payés au 1ˢ. & plus prochain Bureau du Chargement.

Droits dûs pour l'Entrée dans les Etats, ſerôt payés au 1ˢ. & plus prochain Bureau de la Route.

Exception pour le droit de Traverſe.

C

Les Marchandises feront conduittes directement aux Bureaux.

ment auxdits Bureaux; le tout à peine de confifcation, & de l'Amande prononcée par les Réglemens, contre tous ceux qui auront paſſé leurs Marchandiſes au-delà defdits Bureaux, ou qui les auront déchargées, avant de les y avoir conduites.

X X V.

Marque des Fers.

DES Droits de la Marque des Fers, Fonte, Acier & Mine de Fer, non aliénés juſqu'à ce jour dans toute l'étenduë de notre Duché de Lorraine & de celui de Bar, mouvant & non mouvant, & leurs dépendances, conformément à l'Edit du mois d'Août ſeize cens quatre vingt-dix-neuf, Arrêt du vingt-quatre Mars mil ſept cens onze, Déclarations des vingt-un Juin mil ſept cens vingt, trente May & quatre Juillet mil ſept cens vingt-un, & Tarifs y joints, leſquels Droits ſeront payés par toute fortes de perſonnes, ſuivant qu'ils ſont fixés par leſdits Edits & Réglemens.

Poſtes & Meſſageries.

X X V I.

Caroſſes & Voitures publiques.

LEDIT Adjudicataire jouira du produit des Traités faits & à faire pour les Poſtes & Meſſageries, dans l'étenduë de nos Duchés de Lorraine & Barrois, & dépendances, enſemble de celui du Privilége des Caroſſes de Nancy, & autres Voitures publiques.

Gabelles.

XXVI I.

L'ADJUDICATAIRE jouira des Gabelles de
Lorraine & Barrois, Terres & Seigneuries en dépendantes, y enclavées, annéxées ou adjacentes,
confiftant au droit exclufif d'y vendre & débiter
les Sels à nos Sujets, aux prix fixés par les Ordonnances & Réglemens; à l'effet de quoi il fera mis
en poffeffion & jouiffance de nos Salines de Dieuze,
Château-Salins & Roziéres, Bâtimens de Gradua-
tion, Magazins, Sources & Puits falés, Ufuines &
dépendances; Moulins, Canaux pour le Flottage
des Bois, & généralement de tous les Bâtimens,
Poëls & autres Outils, Meubles & Uftanciles, fervans à l'exploitation defdites Salines; pour former
les Sels néceffaires à l'exploitation defdites Salines.

Privilége exclufif de la Vente & Débit des Sels.

Mife en poffeffion des Salines.

XXVIII.

Du Droit de trois frans fix gros par chacun
muid de Sel, qui fe livre & fe vend auxdites Salines, comme auffi du Droit de Loge, d'Enchalage,
& tous autres qui fe perçoivent auxdites Salines,
fuivant l'ufage.

Droits de Salines.

XXIX.

Nous ferons délivrer au Preneur, pendant le
cours du préfent Bail, les Bois convenables pour

Bois pour la Saline de Rozié-res.

le service de la Saline de Roziéres, qui se trouveront dans les Forêts de Blamont, à portée des Ruisseaux de Machey, Mauvé & Buissons; de même
que ceux qui se trouveront à l'usage de ladite Saline, dans les Forêts de Badonvillers, du Comté
de Salm; Sçavoir, à Raon-sur-Plaine, aux en-
virons de Chaude Roche, à portée des Ruisseaux
de Vannincourt, de Ravine, de Chesnamoulin,
du derriere Ressegney, à la Côte de Dannegoute,
dans les Cantons de Benamené, suivant la possibi-
lité desdites Forêts, qui sera reconnuë & fixée par
les Officiers qui feront nommés à cet effet, & sans
préjudice aux droits d'usage, si aucun y a; lesquelles quantités seront annuellement & propor-
tionnellement distribuées & délivrées à la requisi-
tion du Preneur, à la participation des Tailleur &
Contrôleur de ladite Saline, sur les Mandemens &
Ordres du Commissaire de notre Conseil des Finances, à ce député par Arrêt de notredit Conseil
du vingt-deux Août mil sept cens cinquante; à
charge par ledit Preneur, de payer le prix de l'Etocage, ainsi qu'il sera réglé; & en cas que lesdits Bois
ne soient suffisans, il y sera par Nous pourvû de
façon que le service de ladite Saline soit assûré jusques à concurrence des six mille cinq cens muids
de Sel, que Pierre Dufresne est tenu de former,
suivant son Traité du treize Novembre mil sept
cens trente-huit, & il en payera pareillement le
prix de l'Etocage suivant qu'il sera fixé.

X X X.

Il jouira des Bois à Nous appartenans, qui ont été & feront affectés à l'exploitation des Salines de Dieuze & Château-Salins, lefquels Bois lui feront délivrés : Sçavoir : Pour la Saline de Dieuze à raifon de douze cens Arpens de Coupe annuelle pour Bois de Corde, defquels les Cimeaux & Houpies feront façonnés en Fagots & de deux cens Arpens de Bois de Fagotterie; & de cinq cens trente Arpens pour celle de Château-Salins, qui feront convertis en Bois de Corde, les Cimeaux & Houpies façonnés en Fagots, & de deux cens Arpens de Bois de Fagotterie; le produit defquels Arpens feront mis en Cordes & délivrés fur la Vente au Preneur, par compte & nombre, ainfi que les Fagots, de forte qu'il lui foit fourni chaque année jufques à la concurrence de vingt-un mille Cordes de Bois & onze cens dix milliers de Fagots pour la Saline de Dieuze; & pour celle de Château-Salins neuf mille Cordes & douze cens milliers de Fagots, y compris ce qui proviendra des Cimeaux & Houpies, parce que s'il fe trouve de l'excédent dans une année, il en tiendra compte fur la délivrance fuivante; comme auffi il lui fera tenu pareillement compte de ce qui pourroit manquer auxdites quantités de vingt-un mille & neuf mille Cordes, & des onze cens dix, & douze cens milliers de Fagots; lefquelles Exploitations, Coupes & Délivrances feront affignées, & faites fur

les Mandemens & Ordres dudit Commiſſaire, à
ce député, par l'Arrêt dudit jour vingt-deux Août
mil ſept cens cinquante.

Et pour ce qui concerne les frais d'Exploitation,
Délivrance, Recolement & Voiture deſdits Bois
auxdites Salines, le Preneur en demeurera chargé,
& ſe conformera dans leſdites Exploitations, aux
Ordonnances & Réglemens.

X X X I.

Logemens
des Salines.

L'Adjudicataire jouira de tous les Logemens des Salines, même de ceux nouvellement
acquis & conſtruits, & de tout ce qui en dépend,
dont il aura les clefs; à l'exception néanmoins de
ceux occupés par les Officiers des Salines, qui demeureront réſervés, pour en jouir par eux; ſi mieux
n'aime le Preneur payer auxdits Officiers leurs Logemens en argent, ſuivant le Réglement qui en ſera
fait au Conſeil des Finances.

X X X I I.

Priviléges
des Offi-
ciers des
Salines.

Les Gouverneurs & Officiers des Salines jouiront des Priviléges, dont ils ont joui cy-devant;
ſauf à être révoqués, lorſque Nous l'ordonnerons,
en cas de malverſation, ou autrement.

X X X I I I.

Prix du
Sel.

L'Adjudicataire aura droit de vendre les
Sels en détail dans tous les Lieux compris au préſent

Bail, aux prix fixés par les Ordonnances, Déclarations & Réglemens, à raison de deux livres pour le Pot; & à l'égard des Lieux de Bouquenon, Sarwerden, Bitche, Lixheim, Sainte-Marie-aux-Mines, Comté de Salm & Fénétrange, il fournira & fera débiter les Sels aux prix, poids & mesures, qu'ils se vendent actuellement en détail aux Sujets desdites Terres & Seigneuries; & en ce qui regarde Mertzich & Sargaw, le Sel y sera fourni & vendu, ainsi qu'il sera convenu.

XXXIV.

Il n'est entendu déroger, par l'Article précédent, au Privilége que l'Hôtel de Ville de Nancy a de percevoir deux gros sur chaque Pot de Sel, qui se débite en ladite Ville & autres Lieux accoûtumés; lequel Droit a été fixé à quatorze mille frans Barrois de principal, & quatre cens cinquante-six frans trois gros de frans-vins par chacune année, lesquelles sommes seront payées par l'Adjudicataire outre le prix du présent Bail, de même que Louis Diétrich en est chargé.

XXXV.

L'Adjudicataire sera tenu de vendre le Sel en détail sur le pied de deux livres pour le Pot, tant dans le Duché de Lorraine que dans celui de Bar, mouvant & non-mouvant, Terres & Seigneuries en dépendantes & y enclavées; & pour éviter tous les abus, plaintes ou difficultés à cet égard, les Magaſiniers ſeront tenus d'avoir des Poids étalonnés par les Officiers des Chambres des Comptes, ſur des Poids de Fonte, Matrices qui ſeront gardés èſdites Chambres.

X X X V I.

Cuiſſon des Sels, Magaz'ns pourront être augmentés ou changés.

Il ſera tenu de bien cuire & conditionner les Sels, comme auſſi de tenir des Magazins en lieux propres & commodes ; ſauf à augmenter, diminuer, ou changer les lieux deſdits Magazins, au cas qu'on le trouve néceſſaire.

X X X V I I.

Formation des Sels.

Vente étrangere.

Entrepôts pour cette Vente.

Il lui ſera permis de faire former dans leſdites Salines tous les Sels dont il aura beſoin, pendant le cours du préſent Bail, de les débiter dans nos Etats, ainſi qu'il eſt dit cy-deſſus ; & même d'en faire commerce dans les Pays étrangers, aux prix, Poids Meſures qu'il aviſera bon être ; &, pour faire le commerce étranger deſdits Sels, leſquels on ne peut facilement voiturer ſans Entrepôts, il ſera loiſible à l'Adjudicataire de les établir où il jugera le plus à propos.

X X X V I I I.

Flottage des Bois des Salines.

Les Rivieres qui ſervent au flottage des Bois néceſſaires aux Salines, ſeront entretenuës libres & flottables par les Riverains, à quoi ils ſeront

contraints

contraints fuivant les Ordonnances ; & en cas de
refus ou de négligence de leur part , l'Adjudicataire pourra les rendre libres & flottables à leurs
frais, après néanmoins qu'ils les aura avertis d'y
fatisfaire dans un délai de huitaine , par une fimple fignification à leurs perfonnes ou domiciles.

X X X I X.

LES Meuniers & Riverains , qui fouffriront
quelque préjudice par le flottage defdits Bois , feront dédommagés par le Preneur , ainfi qu'il eft
accoûtumé; & au cas que quelques Seigneurs ou
particuliers prétendent lever dans nos États quelques Droits de paffages , ou autres , fur lefdits Bois ,
ils feront obligés de s'adreffer à la Chambre des
Comptes de Lorraine , pour leur être pourvû ,
fuivant l'ufage & les Réglemens faits à ce fujet ,
fans que , pour raifon de leurs prétentions , ils
puiffent faire arrêter lefdits Bois.

X L.

NOUS défendons à toures perfonnes , de quelque qualité & conditions qu'elles puiffent être , de
vendre aucuns Sels dans les Etats , Terres & Seigneuries de notre obéiffance, fans la permiffion de
l'Adjudicataire , même d'y faire entrer ou traver-
fer , foit par terre ou par eau, aucun Sel, à peine de
cinq cens livres d'Amande, confifcation des Sels ,
Chariots, Harnois, Beftiaux , Bâteaux & Voitures

ſervants à la conduite deſdits Sels, pour la premiere fois ; de pareille confiſcation, & en outre, de punition corporelle, pour la deuxiéme ; à l'exception néanmoins des Sels provenants de la Saline de Moyenvic, qui pourront y paſſer, & traverſer à l'ordinaire, ſuivant la réciprocité uſitée.

Exception.

X L I.

ORDONNONS que les Réglemens rendus par les Ducs nos prédéceſſeurs, ſur la matiere des Gabelles, notamment l'Ordonnance du vingt Juin mil ſept cens onze, & l'Arrêt du Conſeil du trois Septembre mil ſept cens quarante-ſix, ſeront exécutés ſelon leur forme & teneur ; en conſéquence , faiſons défenſes à tous les Habitans des Villes , Bourgs, Villages & Hameaux de nos Etats indiſtinctement, de quelque qualité & condition qu'ils puiſſent être, d'uſer ou faire commerce d'Eaux ſalées, à peine de faux-ſaunage, de confiſcation des Vaiſſeaux , Chevaux , Harnois & Voitures qui auront ſervi à puiſer & voiturer leſdites Eaux ; & en outre, contre chacun des contrevenants , pour quelque quantité deſdites Eaux qui ſoient ſaiſies , de cent livres d'Amande.

Eaux ſalées.

X L I I.

DE'FENDONS pareillement, & ſous les mêmes peines, l'uſage & commerce de Sel, de Salpêtre, & de Verrerie ; le Sel des Saumures provenant de

Sels de ſalpêtre, Verrerie, Saumûres

Marée, ou de Chairs Salées , & toutes Pierres & Écailles de Sel : Enjoignons aux Voituriers rentrans en Lorraine , après avoir conduit des Sels à l'Etranger, de moüiller & laver leurs Bauches afin qu'elles ne soient point ensalinées à leur rentrée dans nos Etats, à peine de cent livres d'Amande , ainsi que contre ceux qui se trouveront conduisant , ou possédant des Cendres de Salines, dans lesquelles ils se trouveroit des pierres & écailles de Sel : Défendons, à cet effet, aux Employés des Salines, de laisser sortir lesdites Cendres des Salines , qu'elles n'aient été tamisées, de façon qu'il n'y reste aucune pierre & écaille de Sel.

de marées ou de chairs salées, Pierres & écailles de Sel.

Bauches.

Cendres de Salines.

X L I I I.

Les Communautés & particuliers seront obligés, conformément à l'Arrêt du trois Septembre mil sept cens quarante-six, de se fournir de Sel au Magazin dont ils dépendent , où il leur sera délivré un Bulletin, qu'ils seront tenus de représenter aux Employés , toutes fois & quantes , & ainsi qu'il est expliqué & ordonné par le susdit Arrêt.

Arrondissemens & Bulletins.

X L I V.

L'Adjudicataire ne pourra , pendant les deux dernieres années de son Bail, forcer les Ventes des Sels , soit en diminuant les prix d'iceux dans nos Etats, ou dans les Pays étrangers , ni en changeant leurs Poids & Mesures ni autrement

Vente du Sel pendant les deux dernieres années du Bail.

D ij

en quelque maniere que ce ſoit ; ni enlever deſdites Salines & Entrepôts plus grande quantité de
Sels pour les Ventes étrangeres, que celles qu'il
aura dû tirer pendant chacune deſdites deux dernieres années, pour ſatisfaire à ſes Traités ; & ſera
tenu le Fermier ſortant de faire état à l'Adjudicataire, des délivrances des Sels qui ſe trouveront
avoir été faites à l'expiration de ſon Bail, au-delà
de celles dont il eſt tenu par ſes Traités, ſuivant
qu'il eſt réglé & qu'il réſulte de l'Article XL. du
Bail de Philippe le Mire.

X L V.

Sels en
proviſion
dans les
Magazins
étrangers.

Pᴏᴜʀ le même effet, l'Adjudicataire ſera obligé
de déclarer, lorſqu'il en ſera requis, la quantité
de Sel qu'il aura dans les Magazins étrangers, de
ſouffrir les viſites & reconnoiſſances qui en ſeront
ordonnées, & ne pourra en tenir ailleurs que dans
les Lieux par lui déclarés, ni en receler & divertir
aucun, à peine de confiſcation, & du double de
la valeur de ceux qui ſe trouveroient recelés &
divertis, en contravention du préſent Article.

X L V I.

Régîtres
des Offi-
ciers des
Salines
pour les
Ventes
étrange-
res.

Pᴏᴜʀ connoître les quantités de Sels qui ſeront
tranſportées hors de nos Etats, pour les Ventes
étrangeres, les Officiers des Salines, chacun à leur
égard, tiendront un Régître exact, ſur lequel ils
inſcriront la quantité de Sel, Poids & meſure de
chaque muids, le nom de la perſonne pour la-

quelle ils feront deftinés, & les Lieux où ils de-
vront être voiturés.

XLVII.

LES mêmes Officiers feront tenus d'enrégiftrer
exactement les Sels, qui feront tirés defdites Salines, pour être vendus & débités dans nos Etats ,
& d'annoter la quantité des Sels qu'ils délivreront
pour chaque Magazin, avec le nom du Soûfer-
mier ou Prépofé , auquel ils feront envoyés ; &
pour éviter toute fufpicion de la foy defdits Régîtres, lefdits Officiers feront tenus d'avoir , pour
l'exécution du préfent Article & le précédent ,
deux Régîtres qui feront, à la diligence & aux
frais de l'Adjudicataire, cottés & parafés fur chaque feüillet, en la Chambre des Comptes de Lorraine , avec défenfe auxdits Officiers de laiffer aucun Blanc ; & feront les Régîtres des Trilleurs de
chaque Saline remis au Greffe de ladite Chambre
à la fin du préfent Bail.

Régîtres
d'*Idem*,
pour la
Vente in-
térieure.

XLVIII.

L'ADJUDICATAIRE fera mis en poffeffion , de
nos Salines de Dieuze, Château-Salins & Roziéres, de toutes les Poëles, Poëlons , Fers, Plombs
& autres Uftanciles; ainfi que des Bois & tous autres aprovifionnemens, concernants l'exploitation
defdites Salines, à charge , par le Preneur , d'en
rembourfer le prix à Louis Diétrich précédent Fer-

L'Adjudi-
cataire fera
mis en
poffeffion
des Poëles,
&c.

mier, de gré à gré, ou à dire d'Experts, ſuivant les Procès-Verbaux de renduë, qui en ſeront dreſſés à l'expiration deſdits Traités ; & à l'égard des Sels qui ſe trouveront au premier Octobre prochain dans leſdites Salines de Dieuze, Château-Salins & Roziéres, de même que dans les Magazins & Entrepôts établis pour la Vente deſdits Sels, le Preneur ſera tenu ſeulement de rembourſer audit Diétrich, la cuitte & façon deſdits Sels, & les frais de Voitures pour ceux qui ſe trouveront dans leſdits Magazins & Entrepôts, de gré à gré, ou à dire d'Experts ; à la charge, par l'Adjudicataire de laiſſer, à la fin de ſon Bail, au Fermier qui lui ſuccédera, pareille quantité de Sel & de Bois qu'il aura reçuë.

Sels exiſtans dans les Salines & Entrepôts au 1.ᵉ Octobre. 1756.

Sels & Bois à laiſſer.

X L I X.

Bois à laiſſer pour la Saline de Roziéres.

L'A d j u d i c a t a i r e ſera tenu de laiſſer, à la fin de ſon Bail, tant dans la Saline de Roziéres, que ſur les Ruiſſeaux & Riviéres, & exploités dans les Forêts, la quantité de Bois néceſſaire pour la conſommation de deux années de ladite Saline, du prix deſquels il ſera rembourſé par le Fermier, qui lui ſuccédera, ſuivant l'uſage de tous les Baux.

L.

Proviſions qui exiſteront à la

L'A d j u d i c a t a i r e ſera tenu de recevoir de Louis Diétrich précédent Fermier, les Proviſions & Uſtanciles néceſſaires pour continuer l'exploita-

tion des Salines, & propres aux usages desdites
Salines & Entrepôts. Et ne pourra ledit Adjudicataire, ses Soûfermiers, Magazineurs, Entrepre-
neurs, ou Préposés, à la fin de leurs Baux ou Traités, disposer d'aucunes Provisions & Ustanciles nécessaires ou propres èsdites Salines & Entrepôts ;
non plus que d'aucun Sel, sinon au profit du Fermier qui lui succédera ; sauf à être par lui payé de
la valeur, de gré à gré ; ou à dire d'Experts, suivant l'usage de tous les Baux.

fin des
Traités du
précédent
Fermier.

L I.

Il sera obligé d'acquitter les Droits imposés sur
le Passage & Débit des Sels qu'il voiturera, & dé-
bitera hors de nos Etats, en se conformant néanmoins aux Arrêts du Conseil d'Etat du Roy Très-
Chrétien, des vingt-quatre Février mil six cens
quatre vingt dix-neuf, quinze Janvier mil sept cent,
& sept May mil sept cent un, lorsqu'il passera sur
les Terres de la Domination de Sa Majesté Très-
Chrétienne en Alsace ; & payera aussi les Redevances qui pourroient être prétenduës par les Seigneurs
particuliers de nosdits États, pour passages des Bois
& Provisions, si aucuns sont établis & reconnus
légitimement, avec notre Procureur-Général en
notre Chambre des Comptes de Lorraine ; mais pour
les Droits à Nous appartenans, comme Impositions,
Péages, Passages, Pontenages, ou autres, l'Adjudicataire n'en payera aucun, soit à l'égard des Sels à

Peages au
sujet des
Sels.

Exemp-
tion.

débiter au-dedans, ou au-dehors de nos Etats, foit
à l'égard des Bois, Fers, Plombs, & autres chofes
néceffaires aux Salines.

L I I.

Redevances dues à M. l'Evêque de Metz.

Il fera tenu de payer à M l'Evêque de Metz les
Redevances annuelles qui lui font duës, pour raifon de l'inféodation de la Saline de Marfal , de
l'échange de ladite Ville , & de l'afcencement des
Bois de Fribourg & autres , fuivant la fixation &
liquidation qui en ont été faites.

L I I I.

Gages des Gouverneurs des Salines.

Il fera pareillement chargé de payer aux Gouverneurs des trois Salines, les gages & émolumens
qui leur font dûs & attribués par Edits & Lettres
Patentes , même l'augmentation de cent livres dix-
neuf fols , accordée en particulier à celui de la Saline de Roziéres ; & à celui de Château-Salins ,
cent huit livres dix-neuf fols fix deniers, auffi par
augmentation ; & en outre à celui de Roziéres cent
frans Barrois pour fon logement.

L I V.

Gages des autres Officiers.

Maîtrife des Eaux & Forêts.

Les autres Officiers de Salines feront employés
par l'Adjudicataire, qui fera obligé de leur donner
leurs gages & émolumens ordinaires ; comme auffi
de payer à ceux de la Maîtrife des Eaux & Forêts de
Dieuze , les trois cens cinquante frans Barrois
d'augmentation

d’augmentation par année ; & à ceux de Château-
Salins, les cent soixante-quinze frans Barrois, aussi
d’augmentation annuelle , accordés par deux Arrêts du trente Novembre mil sept cens quatorze ;
mais ils ne pourront prendre ni consommer aucuns
Bois appartenans à l’Adjudicataire , à peine de
restitution, nonobstant tous usages auxquels Nous
avons dérogé. Et à l’égard de ceux auxquels , par
les Edits de Création de leurs Offices, il peut être
attribué des Droits de Chauffages , ou auxquels il
pourra être accordé quelques Bois, pour leur tenir lieu de ceux qu’ils étoient en usage de prendre,
ils ne pourront les recevoir que de la maniere qu’ils
leur seront indiqués & délivrés, en vertu des Ordres dudit Adjudicataire; & demeurera le Tailleur
de chaque Saline responsable de l’exploitation ,
dont il prendra en son nom des décharges ou Con-
gés de Cour, suivant qu’il s’est pratiqué jusques à
présent. Et à l’égard des fonctions des Officiers-
Trilleurs , Boutavans & Aides-Boutavans de chaque Saline , il sera libre à l’Adjudicataire de se ser-
vir de ses Employés & Ouvriers, pour faire le me-
surage ou la pesée des Sels auxdites Salines , toutes les fois que lesdits Officiers manqueront aux
heures de service & à l’exactitude de leurs fonctions; & dans le cas d’une trop grande négligence,
ils seront par Nous suprimés, à la charge , par
l’Adjudicataire, de les rembourser des Finances de
leurs Offices, suivant la liquidation qui en sera faite
en notre Conseil ; & les gages & autres attribu-

E

Bois de
Chauffa-
ges.

Exploita-
tion des
Bois.

Fonctions
des Offi-
ciers des
Salines.

tions defdits Offices fupprimés, feront & demeureront au profit de l'Adjudicataire , & de fes fucceffeurs de Bail en Bail, en rembourfant, par chaque Adjudicataire à fon Prédéceffeur , le montant defdites Finances.

L V.

Menues Reparations.

L'Adjudicataire demeurera chargé de toutes les menuës Réparations, qu'il conviendra faire ès Bâtimens , Magazins , Vannes & Canaux , fervants à la traite des Eaux falées, & à la Conduite des Bois & Sels , appartenances & dépendances defdites Salines ; comme auffi de faire nettoyer , & tranfporter les bouës & immondices des Cours defdites Salines ; &, en outre, fera chargé des groffes Réparations & Vilains-Fondoirs , des Corps & Cannaux qui fervent à conduire les Eaux des Réfervoirs dans les Poëles, ainfi que ledit Diétrich en étoit tenu.

L V I.

Vilains-fondoirs groffes Réparations.

Les autres Vilains-Fondoirs & groffes Réparations demeureront à notre charge , de la néceffité defquelles l'Adjudicataire fera tenu de Nous donner avis; à l'effet de quoi, il en fera fait un Procès-Verbal , conjointement avec les Officiers des Salines , qui fera envoyé à notre Confeil des Finances , pour y être par Nous pourvû; & l'Adjudicataire en fera les avances , pour lui en être fait état fur le prix de fon Bail.

L V I I.

L'Adjudicataire fera tenu de fournir, par chacune année, jufqu'à la quantité de vingt-cinq muids de Sel pour la confommation de notre Maifon.

Sel pour la Maifon du Roy.

L V I I I.

Il délivrera, en outre, pour Franc-Salé ; à chacun de nos Confeillers d'Etat, employés fur l'état des gages & appointemens, fix vaxels de Sel ; à chacun des Confeillers de la Cour Souveraine de Lorraine & Barrois, & des Confeillers, Maîtres des Comptes de Lorraine & de Bar, quatre vaxels de Sel ; & fix vaxels à chacun des Préfidens defdites Cour & Chambres ; à chacun des Procureurs & Avocats-Généraux, fix vaxles ; à chacun des Subftituts defdites Cour & Chambres, deux vaxels ; le tout fuivant l'état qui lui en fera fourni ; fans néanmoins que ceux qui ont plufieurs emplois, puiffent prétendre un double Franc-Salé : tous lefquels Frans-Salés feront délivrés en argent, fuivant la fixation portée par le Réglement du vingt-huit Mars mil fept cens vingt.

Francs-falés.

L I X.

Il fera par Nous pourvû à l'indemnité de l'Adjudicataire, en cas que le Charrois des Bois, Formation, Voiture ou Vente des Sels foient notablement empêchés par nos ennemis, en cas de

Cas d'indemnité.

guerre, ou par maladies contagieufes, ou famines;
comme auffi, en cas que, fans aucune faute ou
négligence de fa part, ou de celle de fes Commis
& Ouvriers, il furvienne accident de feu aux Bâtimens des Salines, Couvertures de Poëles, ou Puits
falés, ou innondations, regorgemens d'Eaux dou-
ces aux fources defdites Salines, ou que lefdites
fources viennent à fe perdre ou gâter, en forte que
la formation foit interrompuë plus de huit jours;
à la charge qu'il fera faire, tant de jour que de nuit,
les rondes, vifites & diligences néceffaires & accoûtumées; & à l'égard des autres cas imprévus, il
y fera pareillement pourvû par notre Confeil, le cas
y échéant.

Tabac.

L X.

Privilége exclufif.

L'ADJUDICATAIRE jouira, pendant le tems
de fon Bail, du privilége exclufif de faire feul,
dans l'étenduë de nos États, entrer, fabriquer,
vendre & débiter, en gros & en détail, le Tabac
de tous crûs & efpéces, en feüilles, en cordes & en
poudres, ou autrement, fabriqué ou non fabriqué;
en conféquence défendons, conformément à notre
Déclaration du douze Septembre mil fept cens
trente-huit, & à l'Arrêt de notre Confeil du vingt-
quatre Août mil fept cens quarante-huit, à tous

Tranfit défendu fans Paf-feport.

Marchands , Etrangers & autres , Voituriers ou
Conducteurs, de faire paſſer aucuns Tabacs , pour
être conduits dans les Pays étrangers, ſur les Terres
de notre Domination, ſans Paſſeports , pas même
ſous prétexte de conduire leſdits Tabacs d'un lieu
à un autre, d'une Souveraineté étrangere limitrophe
de nos Etats, ou enclavée dans iceux , & Terres y
annéxées qui en dépendent ; le tout , ſous les peines
portées par ladite Déclaration & Arrêts , & par
les Ordonnances & Réglemens ſur la Ferme du
Tabac.

L X I.

AUCUNS Marchands ni autres , ne pourront
vendre du Tabac, ſans être munis d'une Permiſſion
par écrit de l'Adjudicataire; & ſeront obligés de
les acheter dans les Magazins , & non ailleurs , à
peine de cinquante livres d'Amande ; à l'effet de
quoi, tous les Tabacs ſeront marqués de ſa marque, dont une empreinte ſera dépoſée au Greffe
de la Chambre des Comptes de Lorraine, pour y
avoir recours, le cas échéant.

L X I I.

POUR donner lieu aux Entrepoſeurs , Marchands & Débitans, de vendre les Tabacs achetés
èſdits Magazins, ne pourra l'Adjudicataire en vendre & débiter en détail en moindre quantité que
de cinq livres de chaque eſpéce : Ne pourra auſſi
vendre moindre quantité , que de quatre livres de

Tabac en poudre, qui feront renfermés dans des Paquets cachetés; & pour la commodité du Public, il pourra faire des Paquets de telle valeur qu'il jugera à propos, fans que néanmoins il puiffe en faire la diftribution en détail, mais pour les délivrer aux Marchands, Débitans & Entrepofeurs, fur la quantité de livres qu'ils acheteront, pour en faire la Vente en détail.

LXIII.

Bureaux de diftribution.

Permettons à l'Adjudicataire d'établir des Bureaux dans les Villes, Bourgs, & autres Lieux de nos Etats qu'il jugera à propos, & d'y avoir des Commis pour la diftribution defdits Tabacs.

LXIV.

Prix des Tabacs.

Le prix des Tabacs fera fixé fuivant le Réglement du fept Décembre mil fept cens vingt-trois, Arrêt du Confeil du vingt-trois Juillet mil fept cens quarante, & autres depuis intervenus, tant pour l'Adjudicataire, que pour les Vendeurs, fans qu'il puiffe être augmenté, ni être fait aucun changement aux prix portés par le fufdit Arrêt, à moins qu'il n'en foit par Nous autrement ordonné.

LXV.

Diftinction des Amandes.

Défendons à toutes perfonnes, de quelque qualité & condition qu'elles puiffent être, d'acheter, vendre ou débiter aucun Tabac en fraude,

comme auſſi de fabriquer, filer, eſſencer, mêlan-
ger, ni alterer ceux qu'ils auront pris dans les Bureaux, à peine contre chacun des contrevenans,
participes ou adhérans, de cinquante livres d'A-
mande pour la quantité de cinq livres peſant de faux
Tabac, & au-deſſous, & de deux cens cinquante livres, en cas de récidive; de deux cens cinquante livres depuis cinq livres peſant juſqu'à dix livres & du double en cas de récidive; & de cinq cens
livres, depuis dix livres juſques à telle quantité ils
s'en trouveront ſaiſis; &, en outre, de confiſcation des Voitures, Equipages, Chevaux & Marchandiſes, dont leſdites Voitures ſe trouveroient
chargées, & de tous autres inſtrumens, mouiins
& outils dont ils pourroient ſe ſervir; au payement
deſquelles Amandes tous fraudeurs ou participes
ſeront contraints ſolidairement.

L X V I.

To us Marchands & autres Commerçans en
Tabacs, qui en auront au premier Octobre prochain, ſeront tenus de les faire contremarquer de
la marque de l'Adjudicataire, aux Bureaux les plus
prochains de leurs demeures; le tout, ſans frais,
dans les huit premiers jours dudit mois d'Octobre, à peine de confiſcation & d'Amande; à l'effet
de quoi, il fera faire en tems & lieu les Affiches
& Publications néceſſaires, pour en donner connoiſſance au Pubic, avec déſignation des nomsde ſes
Commis, & des Lieux où ſeront leſdits Bureaux.

Contre-
marque.

LXVII.

Il sera dressé des Procès-Verbaux de la quantité de Tabacs qui seront rapportés auxdits Bureaux, pour être contremarqués, & le Fermier sortant sera tenu de faire état & tenir compte au Preneur du prix desdits Tabacs, en ce qui excédera celui qui sera réglé pour les Tabacs qui se trouveront aux Magazins dudit Fermier sortant, au premier Octobre mil sept cens cinquante-six.

LXVIII.

Tous les Tabacs qui se trouveront ès maisons des Marchands & Débitans en Tabacs, sans être contremarqués, après les huit premiers jours du mois d'Octobre mil sept cens cinquante-six, seront confisqués, & chaque contrevenant condamné à cent cinquante livres d'Amande, au profit du Preneur, pour chaque contravention.

LXIX.

Sera tenu le Fermier sortant de remettre à l'Adjudicataire, au premier Octobre prochain, tous les Tabacs qui se trouveront en sa possession, de quelque espéce qu'ils soient, dont le prix lui sera remboursé sur le pied du prix coûtant, de gré à gré, ou suivant l'estimation; & à condition que lesdits Tabacs seront bons, loyaux & marchands.

ARTICLES

ARTICLES GÉNÉRAUX
& communs pour tous les Droits
du préfent Bail.

L X X.

L'Adjudicataire fera mis en poffeffion, audit jour premier Octobre prochain, de toutes les Maifons, Magazins, Halliers & Manufactures, dont les précédens Fermiers ont joui, ou dû jouir; enfemble de tous les Uftanciles & autres Meubles & Effets mobiliers, qui fe trouveront dans les Maifons, Magazins, Halliers & Manufactures; & au cas qu'il foit jugé à propos de conftruire ou réédifier quelques Magazins, pour faciliter l'exploitation de ladite Ferme, il fe pourvoira par-devers Nous pour y être pourvû; & fera tenu ledit Adjudicataire d'en faire les avances, dont il lui fera fait raifon fur le prix de fon Bail.

Mife en poffeffion des Maifons, Bureaux, Uftanciles, &c.

Cas de conftructions & réédifications,

L X X I.

L'Adjudicataire fera tenu de rembourfer à Louis Diétrich fon Prédéceffeur, tout ce qui lui fera dû, tant pour les Magazins, Halliers, Outils & Uftanciles, que pour les Approvifionnemens des Sels, Fers, Bois, Tabacs, Papiers & Parche-

Rembourfemens à faire au Fermier fortant.

F

mins timbrés, & tous autres Effets propres & néceffaires à l'exploitation de la Ferme, appartenans
audit Diétrich, fuivant les Inventaires & Procès-
Verbaux qui en feront dreffés; favoir, les Maifons
& Magazins, qui auront été remis à Diétrich
par Dumesnil fon prédéceffeur, fur le pied qu'il
les a remboursés; & ceux que ledit Diétrich peut
avoir acquis, fur le pied de leur acquifition; & à
l'égard des Halliers & tous autres Bâtimens, que
Louis Diétrich a fait conftruire en conféquence des
Permiffions qu'il en a obtenuës; ainfi que les Tabacs, Sels, Bois, Outils, Uftanciles, Fers, Papiers
& Parchemins timbrés, fur le pied de l'eftimation
qui en fera faite de gré à gré, ou à dire d'Experts;
le tout ainfi & comme il en a été ufé entre lefdits
Jean Dumefnil & Louis Diétrich, au premier Octobre mil fept cens cinquante.

L X X I I.

Difpofi-
tions réci-
proques
entre les
Fermiers
entrans &
fortans.

Tous les Articles qui contiennent des difpofitions réciproques, entre l'Adjudicataire & les Fermiers fortans, feront pareillement obfervés entre
lui & le Fermier, qui lui fuccédera à la fin du préfent Bail.

L X X I I I.

Faculté de
foûfermer
ou régir,
de refilier
ou d'en-

Pourra le Preneur foûfermer telle partie de
Droits & Revenus compris au préfent Bail, ou les
régir, ainfi qu'il avifera; à charge d'entretenir les
Soûbaux paffés par Annet Rigaud Soufermier

actuel des Domaines, pour les trois mois qui reste-
ront à expirer defdits Sous-Baux ; comme auffi d'entretenir ceux des Forges, Etangs & Verreries , que
ledit Annet Rigaud aura paffés pendant le cours de
fa jouiffance pour neuf années, à quoi il a été au-
torifé par l'Article foixante-treize du Bail de Louis
Diétrich ; autorifons pareillement le Preneur à paffer les Sous-Baux des Domaines pour fix années , à
compter du premier Janvier mil fept cens cinquan-
te-fept ; & à renouveller pour neuf années , ceux
des Forges , Etangs & Verreries qui expireront
pendant le cours de fon Bail ; lefquels Baux fon
fucceffeur Adjudicataire fera tenu d'entretenir pendant leur durée : & lui fera loifible fi bon lui fem-
ble de réfilier les Traités & Marchés faits & paffés
pendant le cours du précédent Bail, à l'exception
du Traité des Sels de la vente étrangere paffé pour
neuf années, qu'il fera tenu d'entretenir.

L X X I V.

Il lui fera permis d'établir des Bureaux & Bar-
rieres dans telles Villes, Bourgs, Villages & Lieux
qu'il jugera néceffaires , tant pour la vente & diftribution des Sels, que pour celle du Tabac, &
pour la perception , régie & confervation de tous
les Droits compris au préfent Bail : Ordonnons ,
en conféquence, que l'Arrêt du Confeil du deux
Septembre mil fept cens quarante-fept , qui ordonne que les Communautés nommeront à la

F ij

tretenir les Sous-Baux.

Autorifa-tion de paffer des Baux pour neuf an-nées.

Bureaux & Barrié-res.

Exécution de l'Arrêt qui ordon-ne que les Commu-nautés. nomme-ront des Receveurs.

requifition de l'Adjudicataire, des Receveurs dont elles feront refponfables, fera exécuté felon fa forme & teneur.

L X X V.

Directeurs & Commis.

Preftation de ferment des Employés.

Sera annotée fur les Régîtres du Greffe.

Lamention de la jurifdiction où elle fera faite, difpenfe l'Adjudicataire d'en juftifier.

Frais d'icelle.

Il pourra établir tels Procureurs, Directeurs, Receveurs, Contrôleurs, Ambulants, Commis & Gardes, qu'il jugera néceffaires pour la régie & exploitation de fa Ferme, lefquels ne pourront cependant dreffer aucuns Procès-Verbaux, pour la recherche des Contraventions, Vifites & Saifies, fans avoir auparavant prêté ferment devant les premiers Juges des Lieux, fuivant l'Article XVI. du Réglement du fept Décembre mil fept cens trois; auquel Serment ils feront reçus fans information de vie & mœurs, fur la fimple préfentation de leur Commiffion, au bas de laquelle le Juge, ou fon Greffier fera tenu de faire mention de la preftation dudit Serment, & d'en faire notte fur les Régîtres du Greffe, pour y avoir recours, s'il y échéoit; au moyen de laquelle notte, & de la mention qui fera faite par les Procès-Verbaux des Employés des Jurifdictions où ils auront prêté ferment, les Prévenus ne pourront être admis à l'avenir, à demander que l'Adjudicataire foit tenu de juftifier de la preftation dudit Serment; le tout en payant, par lefdits Receveurs & Contrôleurs, trois livres; par les Capitaines & Lieutenans, vingt fols, & par les Gardes, dix fols; & ceux defdits Commis qui auront été reçus en Lorraine, & feroient renvoyés dans le Barrois, ou reçus dans le Barrois & renvoyés en Lorraine, ne feront point obligés de prêter un nouveau ferment ; mais feulement de faire vifer, fans frais, celui qu'ils auront précédemment prêté par-devant les Juges des Lieux , dérogeant, pour cet égard, à tout ce qui pourroit y être contraire dans tous les Edits & Déclarations précédemment rendus.

L X X V I.

LES Commis & Gardes ne feront tenus, pour la validité de leurs Procès-Verbaux , à d'autres formalités , qu'à celles prefcrites par le Réglement du fept Décembre mil fept cent trois , Déclaration du vingt-un Juillet mil fept cens vingt, & autres Réglemens à ce fujet , que Nous déclarons communs pour tous les Droits de nos Fermes, & notamment les difpofitions contenuës ès Articles fept, dix-huit, vingt-un, vingt-deux, vingt-trois , vingt-quatre & vingt-cinq de l'Ordonnance du vingt Juin mil fept cens onze, & les Articles trois, quatre , neuf, treize, quatorze, quinze , dix-fept, dix-neuf, vingt-deux , vingt-huit & trente de celle du fix Novembre mil fept cens trente-trois, & autres Arrêts & Réglemens poftérieurs , intervenus, ou qui pourront être rendus pendant lecours du préfent Bail.

Réglemens des Fermes déclarés communs.

LXXVII.

Ne doit être procédé par recollement, &c. fi ce n'eft fur la réquifition du Fermier.

ORDONNONS que, conformément aux Articles dix-fept de l'Edit du fept Décembre mil fept cens trois, onze & treize du Réglement du quatorze Juillet mil fept cens vingt, les Procès-Verbaux des Commis, Gardes & autres ayant ferment en Juftice, bien & dûment affirmés pour fait des Gabelles, Tabac & Foraine, feront crûs jufques à infcription de faux, lorfqu'il ne s'agira que d'une fimple Saifie de Sel, de Tabac, ou de fraude aux Droits de Foraine, fans qu'il foit befoin, relativement à l'Article dix-neuf dudit Réglement de mil fept cens vingt, de procéder par recolement, confrontation ou interrogatoire des Prévenus, fi ce n'eft fur la requifition par écrit du Fermier; & ce, non-obftant toutes difpofitions contraires, auxquelles Nous avons dérogé.

LXXVIII.

Affirmation des Procès-Verbaux, faite dans trois jours.

Reçue par les Juges Royaux, ou des Seigneurs.

Sans frais.

LES Procès-Verbaux des Employés feront affirmés véritables dans trois jours, pardevant un des Juges à qui la connoiffance du délit doit appartenir, ou par-devant le plus prochain Juge Royal, ou des Seigneurs, & l'Acte d'affirmation fera mis au pied du Procès-Verbal, & figné fans frais par lefdits Juges, qui feront tenus de la recevoir, à la première requifition qui leur en fera faite, à peine des dommages & intérêts de l'Adjudicataire ;

Ordonnons, au furplus, que les Procès-Verbaux, quoique faits & fignés par plufieurs Commis, foient valables, étant affirmés par deux defdits Commis.

Valable
par deux
Commis.

L X X I X.

ORDONNONS que, conformément aux Articles feize de l'Edit du fept Décembre mil fept cens trois, & treize de la Déclaration du trente-un May mil fept cens vingt-trois, les Commis & Gardes pourront donner Affignation au bas de leurs Procès-Verbaux, pour procéder fur iceux, & mettre à exécution les Sentences & Arrêts qui interviendront, fans miniftere d'Huiffier, & fans être obligés de prendre Paréatis ; ce qui fera commun pour le Tabac, la Gabelle & la Foraine, & autres Droits de nos Fermes.

Les Commis pourront donner Affignation au bas des Procès-Verbaux, & mettre à exécution les Sentences & Arrêts.

L X X X.

LES Amandes & Confifcations appartiendront à l'Adjudicataire, dont les Directeurs & Receveurs feront tenus de donner quittance, à peine de concuffion ; & ne pourront les Juges les modérer ni les divertir, & deftiner au préjudice dudit Adjudicataire, lequel pourra en difpofer, en traiter ou les moderer, comme bon lui femblera, fans attendre les Jugemens fur les Saifies & Contraventions, ni être tenu de demander le confentement de nos Procureurs & de leurs Subftituts.

Amandes & confifcations.

LXXXI.

Contrain-
tes.

L'Adjudicataire, ſes Directeurs & Commis chargés de ſes Procurations, pourront décer-
ner des Contraintes contre les Soûfermiers, Receveurs & Commis, qui ſeront en demeure de
compter & payer ; en vertu deſquelles contraintes, ils pourront être conſtitués priſonniers, &
leurs effets ſaiſis, arrêtés & exécutés en dreſſant
néanmoins des Exploits du tout, ſuivant les for-
mes preſcrites par les Ordonnances, ſans préjudice
à l'exécution qu'ils pourront exercer ſur les effets
des Débiteurs des Droits Domaniaux.

LXXXII.

Fins de
non-rece-
voir.

Deux ans après l'expiration du préſent Bail,
on ne pourra être recevable en aucune demande
contre l'Adjudicataire ; pour prétenduë reſtitution
de Droits, Loyers de Bureaux, Magazins, Appointemens de Commis, & toutes autres deman-
des & actions qu'on pourroit lui intenter ; & ſera

Régîtres.

tenu, un an après l'expiration de ſon Bail, & même auparavant, s'il le juge à propos, de remettre
aux Greffes des Bailliages les Régîtres de Recettes
& Perceptions, qui auront ſervi à la Régie, ſans
pourvoir, après ledit tems, en être aucunement
recherché ; & dérogeons à l'Ordonnance du vingt
Juillet mil ſept cens vingt-cinq, en ce qu'elle

auroit

auroit obligé le Fermier à remettre lefdits Régîtres dans le terme de trois mois.

L X X X I I I.

L'Adjudicataire jouira de toutes franchifes & exemptions ordinaires, ainfi que les Officiers
des Salines, fes Soûfermiers, Magazineurs, Employés, Commis & Gardes, tant des Domaines,
Gabelles & Tabacs, que des autres Droits compris
au préfent Bail, dans les Villes & autres Lieux, des
Salines, Entrepôts de Sels ou de Tabacs, Manufactures, Magazins ou Bureaux; les Ouvriers, Marê-
chaux, Couvreurs, Maçons, Fondeurs, au nombre
néceffaire & accoûtumé, jouiront de pareilles
exemptions & franchifes, dans lefquelles neanmoins
ne fera comprife la Subvention, qui fera payée par
chacun de ceux qui y font fujets, fuivant qu'ils feront taxés fur les Rolles des Lieux de leur réfiden-
ce, fans qu'ils puiffent être augmentés, fous prétexte defdites Fermes ; à l'exception toutefois des
Directeurs, Infpecteurs, Contrôleurs, Commis &
Gardes, qui ne feront aucun Commerce, & ne feront
valoir dans le Pays aucuns Biens par leurs mains,
lefquels en demeureront entiérement exempts,
à moins qu'ils ne fe trouvent compris dans les Rolles
au jour de la datte de leurs Commiffions; jouiront
pareillement lefdits Directeurs, Infpecteurs, Contrôleurs, Commis & Gardes, & Ouvriers feulement
fufnommés, de l'exemption de Montre, Guet &
Garde, Tutelle, Curatelle, Collecte, Solidité,

Privileges
& exemp-
tions des
Employés

G

Logemens de gens de guerre, de tirer au fort pour
la Milice, & de toutes autres Charges publiques ,
même des Corvées, Travaux publics , ordinaires
& extraordinaires, dans le cas où ils ne feront valoir aucun bien par leurs mains, ne feront aucun
commerce , & n'auront d'autre induſtrie que l'é-
xercice de leur Commiſſion; & pourront les Commis & Gardes , ainſi que les Gardes ſédentaires ,
placés pour la conſervation des Bureaux de Foraine & la garde des Paſſages , de même que les Receveurs , porter épée & autres armes , à la charge
de n'en point abuſer pour chaſſer , ni autrement ;
& feront exécutés en leur forme & teneur les Arrêts des vingt-quatre Avril mil ſept cens trente-un ,
& vingt Juillet mil ſept cens trente-trois.

L X X X I V.

Anciens
Terriers,
aveux &
dénombre-
mens, &c.

ToUs les anciens Terriers, Aveux & Dénom-
bremens, Reconnoiſſances , Baux & Soûbaux ,
& autres Actes, Titres, Papiers & Enſeignemens
concernans nos Domaines , qui peuvent être ès
mains tant des précédens Fermiers ; que de tous
autres, feront remis à l'Adjudicataire & à ſes Soûfermiers, enſemble les Arrêts & Réglemens rendus ſur le fait de nos Fermes ; & feront tenus les
Officiers de nos Chambres des Comptes & Bureaux des Finances , & autres Officiers dépoſitaires de nos Titres concernans nos Domaines, d'en
donner communication, ſans déplacer , à l'Adju-

Dépoſi-
taires des
Titres te-
nus d'en
donner
communi-

dicataire & à ſes Soûfermiers, même de leur en faire délivrer des Copies ou Extraits, en payant les frais d'expédition, & ce à leur premiere requiſition verbale.

L X X X V.

NE pourra ledit Adjudicataire être dépoſſédé du préſent Bail, en tout ou en partie, pendant les ſix années, & en cas qu'il ſoit fait quelque aliénation ou modération d'aucuns des Droits y contenus, ou que la jouiſſance lui en ſoit empêchée, pour quelque cauſe que ce ſoit, ou qu'il en ſoit accordé aucunes exemptions, autres que celles ſpécifiées au préſent Bail, il lui ſera fait indemnité des pertes qu'il ſouffrira, & les Payemens ſurcis à proportion.

L X X X V I.

DÉFENDONS de faire aucune Saiſie, ſous quelque prétexte que ce puiſſe être, ſur les deniers de Recette de l'Adjudicataire & de ſes Soûfermiers & Commis, & de ceux dûs par les Redevables de nos Droits, ni ſur les Appointemens des Commis, Gardes & autres Employés ; & s'il y étoit fait aucunes Saiſies, Nous les déclarons nulles & comme non avenuës.

L X X X V I I.

SERONT toutes les conteſtations & difficultés, qui concerneront les Domaines & Droits Doma-

G ij

cation, des Copies, ou Extraits.

Le Fermier ne pourra être dépoſſédé.

Indemnités pour aliénation, modération, non-jouiſſance ou exemption des Droits.

Les Deniers de Recettes & Apointemens des Commis, ne pourront être ſaiſis.

Juriſdictions qui doivent

niaux, & Contraventions aux Droits compris au préfent Bail, jugés en premiere inftance dans les Duchés de Lorraine, Terres & Seigneuries y enclavées; & dans le Barrois non mouvant, par les Juges de nos Bailliages, fauf l'Appel par-devant la Chambre des Comptes de Nancy; & dans le Barrois mouvant & Terres de la mouvance, elles feront jugées, en premiere inftance, par les Officiers de nos Bailliages de Bar, la Marche & Prévôté de Ligny, chacun à leur égard, dans leur reffort, à l'exclufion de ceux de nos Vaffaux, fauf l'Appel par-devant les Juges qui en doivent connoître; & quant aux matieres des Gabelles, les Officiers des Salines en connoîtront en premiere inftance pour les faits arrivés en leurs Diftricts, fauf l'Appel à ladite Chambre des Comptes de Nancy. Tous lefquels Juges feront tenus de procéder & juger fommairement, conformément à nos Ordonnances, Edits, Arrêts & Déclarations, & à ce qui eft enjoint par ces Préfentes; & pourront ordonner l'exécution de leurs Sentences & Jugemens par provifion, nonobftant oppofitions ou appellations quelconques à la Caution du Bail; & à l'égard des Réglemens néceffaires à la régie & exploitation defdits Droits, il fera pourvû, fuivant qu'il fera jugé néceffaire en notre Confeil des Finances; lefquels Réglemens feront enrégiftrés ès Cours & Jurifdictions, fans que, pour ce, le Preneur puiffe être tenu de payer aucunes épices, frais, ni falaires defdits Enrégiftremens & Expéditions.

LXXXVIII.

Protection accordée aux Commis.

LES Commis généraux & particuliers, employés à la Recette & Contrôle des Droits des Fermes compris au préfent Bail; les Contrôleurs généraux, Infpecteurs, Contrôleurs-Ambulans, Capitaines, Brigadiers, Sous-Brigadiers, Gardes Ambulans & fédentaires, & autres Prépofés à la confervation de nos Droits, demeureront fous notre protection & fauvegarde, & des Juges, Maires, Echevins, Sindics & principaux Habitans des Villes & lieux, où les Bureaux font ou feront établis; dans lefquelles Villes & autres lieux, lefdits Employés feront la garde de jour & de nuit, pour empêcher l'entrée & tranfport en fraude de toutes Marchandifes & Denrées fujettes à nos Droits, fans que les Officiers de Juftice, les Prévôts des Maréchauffées, leurs Lieutenans, les Baillifs & Lieutenans-Criminels, les Habitans des Villes, Bourgs, & Villages, & les Garnifons puiffent les empêcher de faire lefdites Gardes, en préfentant leurs Commiffions; leur faifant défenfes de les y troubler, défarmer, arrêter, ou emprifonner, à peine de cinq cens livres d'Amande, & de tous dépens, dommages & intérêts.

LXXXIX.

Changement dans

AU cas qu'il arrive du changement dans la valeur des Efpéces d'or & d'argent & de Billon, Nous

la valeur des Eſpé-ces.

tiendrons compte au Preneur de la diminution, & réciproquement, il Nous comptera du bénéfice de l'augmentation ; à l'effet de quoi, il ſera dreſſé des Procès-Verbaux des Eſpéces qui ſe trouveront dans la Caiſſe des Fermes Générales à Nancy, Salines, Entrepôts & Magazins des Sels, Manufactures du Tabac, & généralement dans tous les Bureaux où il y aura des deniers de ladite Ferme générale pendant le cours du préſent Bail, tant par la Chambre des Comptes pour la Caiſſe générale à Nancy, que par les Officiers des Salines, & par les Juges des Lieux où ſeront leſdits Entrepôts, Magazins & Bureaux ; le tout à la participation du Procureur Général en ladite Chambre, & de ſes Subſtituts, lorſqu'il y en aura ſur les lieux.

X C.

Tous les Edits & Réglemens auſquels il n'eſt pas dérogé, ſe-ront exé-cutés.

Tous Edits, Déclarations, Réglemens, & Arrêts rendus tant pour la formation, vente & diſtribution des Sels, que pour les fabrications & vente du Tabac, & pour empêcher les verſemens des Sels & Tabac étrangers en nos Etats, & pour la régie & exploitation deſdits Droits compris au préſent Bail, ſeront exécutés, en tant qu'il n'y eſt point dérogé par le préſent Bail ; & ſeront tenus nos Juges de s'y conformer dans les Jugemens qu'ils rendront.

X C I.

L'Adjudicataire remettra aux Receveurs généraux de nos Domaines, chacun dans l'année de leur exercice, les fonds des Charges locales, Fiefs & Aumônes, Rentes & Gages d'Officiers, suivant les Etats de Charges de notre Domaine, qui seront arrêtés en notre Conseil ; remettra pareillement, de six mois en six mois, en deniers, ou Acquits valables, tous les fonds destinés au payement des frais de Justice, qui sont à la charge de notre Domaine, de même que ceux des Réparations, qui seront par Nous ordonnées aux Edifices qui en dépendent, & les Exécutoires qui seront décernés par les Juges tant de nos Cours, qu'autres Jurisdictions Royales, contre le Preneur & ses Soûfermiers, pour frais de Justice, seront payés par le Preneur & ses Soûfermiers, après qu'ils auront été visés par le Sieur Intendant; à l'exception néanmoins des Exécutoires qui seront causés pour taxe de témoins, frais d'exécution, conduite ou translation de prisonniers, ou de condamnés aux Galéres, dont ils seront tenus de faire le payement sur le champ, & sans attendre que lesdits Exécutoires ayent été visés; à la charge cependant de les faire viser dans les trois mois des payemens par eux faits; de tous lesquels frais l'Adjudicataire & ses Soûfermiers seront tenus de remettre les Acquits, comme cy-dessus, de six mois en six mois, en bonne forme, entre les mains de nosdits Rece-

(marginal notes) Charges locales, &c. — Frais de Justice. — Exécutoires visés. — Exception.

veurs généraux de nos Domaines, avec les Exécutoires visés , & les Etats en détail defdits frais dreffés & certifiés par notre Procureur en chacun Siége ; moyennant quoi, lefdits Receveurs généraux leur délivreront leurs Quittances comptables des fommes auxquelles monteront lefdits frais ; tous lefquels payemens feront alloués à l'Adjudicataire , en déduction du prix de fon Bail.

Indem-
nité.

X C I I.

Indem-
nité du
prix des
Sels accor-
dés aux
Princes de
Naffau.

Il fera tenu compte à l'Adjudicataire, fur le prix de fon Bail par chacune année d'icelui ; de la Somme de vingt mille fix cens livres, pour le prix de quatre cens muids de Sel par Nous accordés aux Princes de Naffau , Wéelbourg & Sarbruch , en exécution d'une Convention faite avec ces Princes le vingt-fept Août mil fept cens quarante-un , à raifon de cinquante-une livres dix fols par muid.

X C I I I.

Les No-
bles & Of-
ficiers
pourront
être inté-
reffés, &c.

Les Nobles Officiers & tous autres pourront prendre part & s'affocier dans lefdites Fermes, & en exercer les Commiffions , fans déroger à leur Nobleffe & Priviléges , à la réferve de ceux qui doivent connoître du fait de nos Fermes.

X C I V.

X C I V.

LE Preneur ni ſes Cautions ne pourront prétendre aucune diminution ni dédommagement ſur
le prix du préſent Bail, pour quelques cauſes, rai-
ſons & prétextes que ce puiſſe être excepté dans
les cas prévûs par les Articles LIX. & LXXXV.
du préſent ; &, en outre, dans les cas de Peſtes,
Guerres, Famines, Incendies, débordemens d'eaux
& autres forces majeures, pour leſquelles il ſe pourvoira directement en notre Conſeil des Finances.

*Cas d'in-
demnité.*

X C V.

L'ADJUDICATAIRE ne pourra faire tranſpor-
ter les deniers de ſa Recette, qu'entre deux Soleils;
& s'ils ſont volés en chemin, ou enlevés dans les
Bureaux par violence, il lui en ſera tenu compte
ſur le prix du préſent Bail, en raportant les Procès-Verbaux des plus prochains Juges Royaux.

*Tranſport
des de-
niers.*

X C V I.

L'ADJUDICATAIRE ſera tenu de compter du
prix de ſa Ferme, un an après l'expiration de chaque année, par état au vrai en notre Conſeil des
Finances, qui lui donnera toutes décharges valables ; & ne pourra ledit Adjudicataire être con-
traint à payer le prix du préſent Bail, qu'en vertu
des contraintes décernées en notre Conſeil des

*Compte
du prix du
Bail.*

H

Finances; & au furplus, il en fera ufé à l'égard desdits Comptes, ainfi & de même que dans les Baux
précédens.

XCVII.

Enrégif-
trement
du Bail.

L'Adjudicataire fera régiftrer le préfent
Bail aux Greffes accoûtumés, & ne fera tenu de
payer autres ni plus grandes Sommes, que celles
qui ont été payées par les Fermiers précédens pour
lefdits Enrégiftremens. Défendons à tous Juges
d'exiger aucune autre Somme, fous prétexte d'augmentation de prix du préfent Bail, ou quelqu'autre
que ce puiffe être : il fera pareillement tenu d'en-
voyer à chaque Saline Copie des Articles qui con-
cernent les Gabelles & Exploitations d'icelles.

XCVIII.

Caution-
nement du
Bail.

Pour la fûreté des conditions du préfent Bail,
l'Adjudicataire Nous donnera bonnes & fuffifan-
tes Cautions, & en remettra l'Acte ès mains du
Sécrétaire de notre Confeil, fans qu'il foit obligé
de donner d'autres Cautions en nos Chambres des
Comptes.

XCIX.

Le Bail
fera exé-
cuté fans
modifica-
tion.

Promettons en bonne foi & parole de Roi,
d'entretenir, garder & obferver le contenu au préfent Bail, fans fouffrir qu'il y foit contrevenu par
des modifications, ou autrement ; & en cas de

troubles & empêchemens, Nous Nous en réfer-
vons la connoissance & à notre Conseil, & icelle
interdissons à toutes nos Cours & Juges.

C.

OUTRE les Clauses & Conditions cy-dessus, l'Adjudicataire s'oblige de payer annuellement, à ses risques, perils & fortunes, par chacune des-dites six années du présent Bail, la Somme de *trois millions, trois cens, trente-quatre mille, cinq cens livres*, en espéces au cours actuel de Lorrai-ne; laquelle Somme il sera tenu de payer, ainsi qu'il suit; savoir, *deux millions, cinq cens, qua-trevingt trois mille, trois cens trente-trois livres, six sols, huit deniers*, en douze payemens égaux, de mois en mois, à commencer du premier Octo-bre mil sept cent cinquante-six, entre les mains du Trésorier de notre Maison, & soixante dix-sept mille cinq cens livres, en quatre termes égaux, de quartier en quartier, entre les mains de notredit Trésorier; de toutes lesquelles Sommes il fournira ses Quittances audit Adjudicataire, auquel elles seront passées & allouées, sans difficulté, dans les Comptes qu'il rendra; il payera pareillement aux Receveurs Généraux de nos Domaines, les Som-mes qui leur seront assignées, aux termes de l'Ar-ticle C X I. du présent Bail, lesquels lui en fourniront pareillement quittance; & le surplus, sur les Ordonnances qui seront expédiées sur ledit

Prix du Bail.

H ij

Adjudicataire, lefquelles rapportées feront égale-mens alloüées & paſlées dans la dépenſe de ſes Comptes.

Adreſſe. SY DONNONS EN MANDEMENT à nos amés & féaux les Préſidens, Conſeillers, Maîtres, Auditeurs, & Gens tenans notre Chambre des Comptes de Lorraine, Préſident, Conſeillers, Maîtres , Auditeurs, & Gens tenans notre Chambre du Conſeil, & des Comptes de notre Duché de Bar, Baillis, Lieutenans-Généraux, Particuliers, Aſſeſſeurs Civils & Criminels, Conſeillers, & Gens tenans nos Bailliages de Bar & de la Marche , & autres Juges auxquels la connoiſſance de nos Droits eſt attribuée, & à tous autres Officiers qu'il appartiendra, ſur ce requis, que du contenu en ces Préſentes, ils faſſent jouir l'Adjudicataire, ſes Cautions ou Ayant-cauſes , Procureurs , Commis, Soûfermiers & Magazineurs, ſans aucun empêchement , nonobſtant oppoſitions quelconques, Arrêts, Lettres , Priviléges , & autres choſes à ce contraires , auxquelles, & aux Dérogatoires Nous avons dérogé par ces Préſentes : & ſi aucunes conteſtations ſurviennent pour le Titre des Droits deſdites Fermes, Nous en avons retenu & réſervé, retenons & réſer-

Cas de conteſta-tions ſur le Titre des Droits. vons la connoiſſance à Nous & à notre Conſeil Royal des Finances ; l'interdiſſons à toutes nos Cours & Juges, nonobſtant toutes Ordonnances , Priviléges & Lettres à ce contraires, auxquels Nous avons dérogé. MANDONS , en outre aux Officiers &

Archers de Marêchauffée, & autres fur ce requis , de tenir la main à l'exécution du préfent Bail, le-vée & perception des Droits y contenus , & de prêter main-forte & affiftance, fi befoin eft , à l'Adjudicataire, fes Soûfermiers, Procureurs, Ma-gazineurs, Commis, & autres Employés à l'ad-miniftration de nos Fermes, à peine de défobéif-fance, & de répondre du payement de nos Droits, & de tous dépens, dommages & intérêts : CAR AINSI NOUS PLAÎT. En foi de quoi, Nous avons aux Préfentes , fignées de notre main , & contrefignées par l'un de nos Confeillers-Sécré-taires d'Etat , Commandemens & Finances, fait mettre & appendre notre grand Scel. DONNE' en nôtre Ville de Lunéville , le fixiéme Novembre mil fept cens cinquante-fix.

STANISLAS ROY.

Vû au Confeil ,
CHAUMONT.

Par le Roy ,
ROUOT.

Regiftrata ,
GUIRE.

LE fouſſigné Sécrétaire Greffier en Chef des Con-
ſeils d'Etat & des Finances du Roi, certifie que la
Déclaration des autres parts, a été Scellée à l'Au-
diance des Sceaux, tenuë par-devant Monſeigneur
le Chancelier, à Lunéville cejourd'hui ſixiéme Novembre mil ſept cent cinquante-cinq.

Signé, DURIVAL.

CEjourd'huy cinq Janvier mil ſept cens cin-
quante-ſix, la Déclaration en forme de Bail cy-deſſus
& d'autres parts, a été régîtrée au Greffe de la
Chambre des Comptes de Bar, en exécution de l'Arrêt de cejourd'huy, pour être ſuivie & exécutée, &
y avoir recours le cas échéant par le Greffier ſouſſigné.

Signé, GUERIN.

LA préſente Déclaration du Roi en forme de
Bail de la Ferme Générale des Domaines & Droits
y annexés de Lorraine & Barrois, à Jean-Louis
Bonnard, Bourgeois de Paris, a été régîtrée ſur
le Régître des Édits & Ordonnances du Bailliage
Royal de Bar ; enſuite de l'Ordonnance de M. le
Baron de Levoncourt, Lieutenant-Général, du ſept
du préſent mois au bas de ſa Requête ; le Procureur
du Roy oüi, pour être exécutée ſuivant ſa forme &
teneur & y avoir recours le cas échéant, dont Acte

par le Greffier en chef, soussigné ledit jour sept de l'an mil sept cens cinquante-six.

Signé, ROGER.

LA présente Déclaration du Roi en forme de Bail de la Ferme Générale des Domaines & Droits y annexés de Lorraine & Barrois, à Jean-Louis Bonnard, Bourgeois de Paris, a été régîtrée sur le Régître des Édits & Ordonnances du Bailliage Royal de la Marche, en conséquence de l'Ordonnance de M. le Lieutenant-Général dudit Siége, du vingt Janvier courant ; le Procureur du Roi oüi, pour être exécutée suivant sa forme & teneur & y avoir recours le cas échéant, par le soussigné Commis au Greffe, ledit jour vingt Janvier mil sept cens cinquante-six.

Signé, GARNIER.

VU en conséquence de l'Arrêt rendu ce jourd'huy sur la Requête de Jean-Louis Bonnard, la Chambre, Cour des Aides & Cours des Monnoyes, ordonne que les présentes Lettres Patentes en forme de Déclaration, servant de Bail au même Bonnard, seront régîtrées dans le Régître des Insinuations, pour être suivies & exécutées selon leur forme & teneur, & y avoir recours le cas échéant ; que le même Bonnard satisfera à l'Article XCVII. Ce Faisant envoyera les Copies Voulües, par icelui ès Salines, de quoi,

64

il fera tenu de faire certifier le Procureur-Général
du Roi, par les Subftituts de chacune d'icelles. Fait
en la Chambre du Confeil, à Nancy, le 28 Janvier
mil fept cens cinquante-fix.

Signé, DE RIOCOURT.

Et plus bas régìtré ledit jour,

Signé, J. FRIMONT.